JN439699

화선지

정일효 시집

문학의전당 시인선
184

화선지

정일효 시집

문학의전당

시인의 말

학창시절에 문학을 전공한 것도 아니고, 공직 생활을 할 때에는 업무 관련 지식습득과 어학공부에 전념하느라고 시를 써볼 생각을 갖지 못하였다. 직장에서 은퇴한 이후 평생학습 일환으로 문학 강의를 들으면서 시를 써보자는 강렬한 충동을 느껴 관련분야 공부도 하고 시도 열심히 쓰게 되었다.

나는 시를 쓰면서 '내가 쓰고 있는 시가 시다운 시인가' 하는 의구심을 쉽게 떨쳐버릴 수 없었으나 나를 돌아보고 발견한다는 마음으로 시를 써왔다. 그러다가 이번에 용기를 내어 등단 이후 발표한 몇 편의 시와 그동안 수시로 써 두었던 시들을 한데 묶어 첫 시집을 세상에 내놓게 되었다.

시인 등단도 이순(耳順)이 넘은 나이였고 시집도 처음이라 두려움이 앞서지만 읽어서 감흥과 즐거움을 느끼고 생각을 공유하는 분들이 많았으면 하고 욕심을 내어본다.

2014년 가을 초입에

정일효

차례

제1부

제2부

제3부

제4부

제1부

화선지

나는 너의 얼굴에 먹칠을 할 수 없다

나는 너의
그 곱디고운 얼굴에
순수하고 깨끗한 모습에
포용성 있고 너그러운 자태에
먹칠을 할 수 없다
아무렇게나 쓰거나 그려서
먹칠을 할 수 없다
함부로 대하며 먹칠을 할 수 없다

나는 너에게
정성을 다하여
우주 자연의 이치를 담은 의상(意象)으로
마음을 다듬은 올바른 의상(意想)으로
정확한 운필과 힘찬 필세로
가장 아름답고 찬란한 의상(衣裳)을
입혀주고 싶다

고희(古稀)

혀가 물구나무서고
입속에 호수 물처럼 침이 고이는 저녁
산해진미
오곡백과가 놓여도
소태 씹은 듯 쓰기만 하다
받아주지 않는다
입이 자꾸
거부반응을 일으킨다

가을 하늘

가을 하늘은
맑은 눈을 지닌
연인의 눈동자 같다

모든 것
다 받아들일 듯
명징(明澄)하다

깊이를 가늠할 수 없는
그 밝고 맑음이
마음을 붙들고 놓지 아니한다

가을 하늘에 들어
연서(戀書)처럼
오래도록 기억되고 싶다

아이러니

자기생각에 갇힌 사람이
일상의 틀 속에 갇힌 생활인이
편견에 갇힌 분이
환자의 숲에 갇힌 의사가
우월감에 갇힌 이가
과거의 직위에 갇힌 이가
자기고집에 갇힌 사람이
지역주의에 갇힌 인사가
아집에 갇힌 이가
우리에 갇힌 동물을 보고 간다

학벌주의에 갇혀 있는 자가
혈연에 갇혀 있는 할아버지가
자기의 아름다움에 갇혀 있는 미인이
공주병에 갇혀 있는 처녀가
욕심에 갇혀 있는 사람이
청년실업에 갇혀 있는 젊은이가
세계화 추세 속에 국수주의에 갇혀 있는 자가

우리에 갇혀 있는 동물을 보고 있다

무엇인가에 갇혀 있는 이들이
우리에 갇혀 있는 것들을 구경한다
갇혀 있는 이들이 갇힌 것도 모르고
갇혀 있는 동물을 보고 즐거워하고 있다

우리 안에 있는 동물들이
우리 밖에 있는 사람들을 보며
혀를 차고 있다

거리의 간판들

먹으면 힘이 솟는 〈불끈 장어 집〉
뼈가 되고 살이 되는 〈영양 잡곡밥〉
자기네만의 매력을 한껏 드러내며
당당히 서 있다

사랑에 흠뻑 빠진
생기발랄한 연인들을 불러 모으기도 하고
하루하루 부대끼며
지친 삶을 이어가는 이들에게
희망과 생기를 북돋우기도 한다

실업상태에 있는 이들에게
직업 안내역도 하고
삶의 파수꾼역도 하고 있다

거리의 간판들이
우리들의 삶의 현주소를
족집게처럼 집어내면서

삶의 애환을
온몸으로 드러내고 있다

폭풍우 속에서도
눈보라 몰아치는 혹한에도
당당히 맞서며 굳세게 서 있다
말없는 소리로
모든 것을 드러내고 있다

좋은 간판이면 다 되는 시절이 있었다

가을날

며칠 전까지도
녹음으로 뒤덮인 가로수가
어느덧 노란색 붉은색으로
옷을 갈아입더니
봄 여름 살아온 한세월을 내려놓고 있다

차가운 하늘 아래
가랑잎이 소리 없이 떨어져
보도 위에 쌓이듯
쓸쓸함과 회한이
가슴속에 쌓인다

환경미화원이
가랑잎을 쓸어가듯
회한도 쓸어버리고
쓸쓸함도 쓸어내고 싶다

상실에 대한 아쉬움이

사람에 대한 그리움이
회한과 쓸쓸함이
지난 세월을 가만히 더듬고 있다

그대를 만나면

그대를 만나면
봄꽃처럼 마음이 설렌다

내 가슴에
송곳처럼 꽂히는
그대의 애정 어린 시선
화사한 얼굴에서 배어나는
고운 마음씨

그대를 보면
마음이 한없이 즐거워진다

아무도 알아볼 수 없도록
살며시 지어주는 아름다운 미소
호수처럼 넉넉한 아량과 교양

그대와 같이 있으면
화덕 앞에 앉은 것처럼

가슴이 훈훈해진다

무람없이 풀어놓는
가벼운 인사말과 숨소리
말없이 가분가분한
몸짓과 움직임 하나하나

그대를 만나면
마음이 밝아지고
즐거워진다
활력이 솟아난다

그리운 내 고향

내 고향은

늘 사랑으로
안아주고
보듬어주고
감싸주던
어머님 품속

한결같은 마음으로
평안을 안겨주고
두려움도 없애주고
믿음도 심어주던
어머님 품속

호수처럼
크고 포근하였던
어머님 품속이 그립다

그립다 흘러간 세월

봄 여름 가을 겨울
일하느라 부대끼며
제약 받고 살아온 젊은 시절이 그립다

이제 일할 필요도 없는
자유로운 생활 속에서도
심신으로는 별로 자유롭지 못한
인생항로에 들어선 지금은
지난 모든 세월이 아쉽고 그립다

길섶에 핀 이름 모르는 꽃 한 송이
하늘을 나는 새들의 날갯짓
맑은 하늘에 느닷없이 나타나
멋진 그림을 그리는 구름조차도
모두 아쉽고 그립다

지난 세월 놓쳐버린 대어처럼

가을 예찬

작열하던 햇볕
지겹도록 내리던 장마가
저만치 물러나자
아침저녁으로 이는
신선한 바람결에
가을이 성큼 묻어왔다

가녀린 코스모스
청초한 꽃송이로 웃음 짓고
황국(黃菊)의 해맑은 자태가
발길을 잡아당긴다

태풍의 시련에도
폭우의 압력에도
병충해에도 자지러지지 않고
굳건히 견디며 알알이 익은
뭇 과일과 곡류들

어떤 것은 종자로
어떤 것은 시장이나 백화점 판매대 위로
윤회전생(輪廻轉生)을 거듭하면서
화려한 승자들의 향연이
이어지고 거듭된다

계량기

눈금이 총총 박힌
계량기를 보면
꼭, 인생 축소판이라는 생각이 들어
처세가 조심스러워진다

무게 있게 행동하고
조신하게 살아야지
허투루 살지 말고 부지런히
값진 삶을 살아야지

계량기의 중심축처럼
언제 어디서나 중심 잡고
사람답게 살아야지

순응하며 사는 법

들숨과 날숨을 거듭해야
생명을 유지하듯

전진과 후진을 거듭해야
자동차가 굴러가듯

오르막길이 있는가 하면
내리막길이 있듯이

꾸불꾸불한 길이 있는가 하면
곧고 평탄한 길도 있듯이

우리네 삶도
성공과 실패, 고통과 환희가
함께하네

물 흐르듯
순리대로 순응하며 살아야겠네

나이 든 젊은이는 무슨 재미로 살까

나의 유년시절 할아버지 할머니는
서당에서 글 읽는 소리, 다듬질 소리
갓난아이 우는 소리 듣는 것을 낙(樂)으로 삼았는데
지금 나이 든 젊은이는 무엇이
삶의 즐거움일까

아들 딸, 손자 보는 기쁨일까
친구와 이메일 교환일까
친구와 만나 과거에 대한 수다일까
글 쓰는 즐거움일까
배우는 즐거움일까
이성간의 사랑을 나누는 즐거움일까
짝사랑하는 즐거움일까
마음 맞는 이와 식사하는 즐거움일까

나이 든 젊은이라도
마음의 문을 활짝 열고 살다 보면
서로가 서로의 마음을 알게 되지

인생살이에서

으뜸가는 즐거움은

상대방의 마음을 서로 알아주는 기쁨이니까

다름을

둥글둥글하기도 하고
둥글넓적하기도 하고
모나기도 하고
피부색도 제각각이듯이

대나무를 보고는
한국인들은 '대쪽 같은 사람'이라며
강직성을 강조하고
필리핀인들은 '대나무같이 유연하다'며
융통성을 강조하네

동양의 지혜로는
'오동잎 한 잎 지는 소리가 천하의 가을을 알린다'고 하고
서양의 지혜로는
'제비 한 마리가 여름을 만들지는 않는다'고 하네

여름날 목이 몹시 마를 때 물 한 컵을 앞에 놓고

어떤 이는 ‘물이 반 컵만 남았다’ 하고
어떤 이는 ‘물이 아직도 반 컵 더 남았다’ 하네

음계가 다른 기타 줄같이

복지관

무더운 여름날
세월이 짓누르고 간 얼굴들이
삼삼오오 복지관 벤치에 모여 앉아
웃음꽃을 활짝 피우고 있다

기쁘고 슬펐던 일
가슴 쓰리고 고달팠던 온갖 기억들을 끌어내
실타래처럼 풀어가면서
시간을 죽이고 있다

그때 지나가던 어린 새들이
은행나무 가지에 모여 앉아
어른들의 말씀을 경청하듯 고개를 끄덕끄덕
나비들은 푼푼하다며 훨훨 춤추고 있다

내 안의 고무풍선

엄마와 함께 나들이 나온 아이가
한손으로는 엄마 손을 잡고
또 한손으로는 고무풍선이 매달린
줄을 꽉 움켜지고
환하게 웃으며 즐거운 시간을
보내고 있다

공기의
외압과 내압을
잘 유지하며 아이에게
즐거움을 안겨주는
균형 잡힌 고무풍선

내 안에 그런 고무풍선 하나
늘 간직하고 싶다

가장 행복한 사람은

가장 행복한 사람은
일상생활 가운데서
기쁨을 느끼고 즐길 줄 아는 사람이다

삶의 의욕을 갖고 긍정적인 마음으로
적극적으로 살아가는 사람이다

가정을 화목하게 이끌고
자기 자신의 삶을 스스로 개척해가는 사람이다

스스로 걸을 수 있고
스스로 먹을 수 있고
스스로 대소변을 가릴 줄 아는 것에
만족하는 사람이다

과도한 욕심 없이
가진 것에 고마워할 줄 아는 사람이다

변화를 스스로 받아들이고
생활 가운데서 깨달음을 얻는 사람이다

현재에 몰입하고
미래를 꿈꾸며 노력하면서
차근차근 나아가는 사람이다

어떠한 곤경에 빠져들어도
용기와 희망을 잃어버리지 않고
오뚝이처럼 일어나 앞으로 나아갈 줄 아는 사람이다

성찰을 게을리하지 않고
자기 속의 자기의 참 모습을
꾸준히 찾아가는 사람이다

선한 마음을 갖고
행복감에 젖어
시 쓰는 마음으로 살아가는 사람이다

대곡역

경의선 대곡역 대합실
성경을 펼쳐 든 할머니가
머리를 책에 묻고
꾸벅 꾸벅

기도를 하는지
명상에 잠겨 있는지
꾸벅 꾸벅

기차를 기다리는 승객의 시선들이
할머니를 따라
꾸벅 꾸벅

기적소리도 없이
조심스럽게
기차가 들어서고 있다

제2부

욕심

버리려다 차마 버리지 못하고
망설이고 망설이는
내 마음속의
쓰레기

버리고 또 버려도
다시 생기는 이 욕심을
어찌하면 좋은가

묵향이 퍼져가는 서실에서

서체 본을 받아보니
열성과 자상함이
마음에 와 닿고
정성과 배려의 기쁨이
묵향처럼 배어나네

먹을 갈면서
마음을 갈고
붓을 들어
선인들의 글귀를 담아내니
소통의 장이 활짝 열리네

나만의
의미 있는
필의는
힘찬 필세로
유려한 필체로
화선지를 멋스럽게

메워가고

가르치고 배우면서
담소도 나누고
서로의 경험을 공유하다 보니
기쁨도 즐거움도 분수처럼 솟아나고
시간 가는 것도 잊어버리네

목련(木蓮)

겨우내
나무들이
올망졸망 울멍줄멍
서 있는 정원에
목련 몇 그루
눈보라 몰아치는
혹한에도
솜털 푹 뒤집어쓰고
숫처녀 젖가슴처럼
서서히 망울망울 멍울멍울
부풀리면서
조가비 같이
꼭 다물고
서 있더니

봄비 내리고
바람 살랑 살랑 스치며
따사로운 햇살이

구애(求愛)하듯 손을 내미니
사랑에 흠뻑 빠진
연인들처럼
감추었던 가슴
살포시 풀어 보이며

수줍음 머금은
청순한 꽃송이를
귀태(貴態) 있게 내밀면서
살을 에는 추위와 가난을
참고 견디고 이겨내면
활짝 웃을 수 있음을
속삭이듯
일러주면서
고고(孤高)하게 서 있네

봄이 오는 소리

깨어진 유리조각 같은 얼음 사이로
냇물이 졸졸 흘러내리고
냇가 버들강아지
졸음 깨며 기지개 켜고

겨우내 맺히었던 목련나무 꽃순이
처녀 젖가슴처럼 부풀어 오른다

호수 변의 수양버들 가지에
수액이 돌면서 푸르름이 감돌 때

말랐던 잔디밭 사이로
푸른색 잡초 순들이
살며시 고개를 내밀기 시작하고

볼에 와 닿는 바람결이
갓난아기의 살결같이 부드럽게 느껴질 때
귓전에 봄이 오는 소리가 들린다

산수유

어린아이
잠에서 깨어나
눈곱 비비듯

겨울잠에서 깨어난
산수유가
거슴츠레
눈을 뜨며
기지개를 켠다

엄마 품이
그립다는 듯
따순 햇살을 향해
손을 뻗는다

봄이 오니

계딱지같이
단단한 나무들이
심 봉사같이
번쩍 눈을 떴다

봄은 효녀 심청인가 보다

너무 너무 기뻐서
산수유와 개나리는
병아리처럼
금빛 미소 짓고

매화와 벚꽃은
팝콘처럼 활짝 터지고

복사꽃과 진달래는
불타듯 일제히 웃는다

겨우내 움츠렸던
뭇 생명들이 서로 경쟁하듯
다투어 기지개를 켠다
활기를 되찾는다

하늘공원에서

한여름 어느 날
하늘공원
이글이글거리는 햇볕
수은주의 눈금이 38선 언저리에서 서성이고
생태공원 위 바람개비조차도
달콤한 낮잠의 유혹에 빠진 듯
꾸뻑꾸뻑 졸고 있다

강변북로와 올림픽대로를
꼬리에 꼬리를 물고 달리는
무수한 차량 행렬의
반사광의 퇴적이
억새풀로 뒤덮인 초지까지 와
미풍조차도 잠들게 하고 있다

가끔 하늘에는 흰 구름 몇 조각
한가롭게 흘러가고
젖줄처럼 유유히 흐르는

한강에서 증발된 습기가
푸르름으로 뒤덮인
자연의 향기를 간질인다
산딸나무 등 기화요초들이
조각상보처럼 공원을 뒤덮고 있다

시원하게 탁 트이고
하늘에 가깝게 다가갈 수 있어
발길을 다시 옮기고 싶다
사랑 받고 싶은 사람과
사랑 주고 싶은 사람과 어깨를 나란히 하고
인생을 이야기하면서
다시 와 거닐고 싶다

소문의 힘

소문은 무시무시한 힘을 갖고 있다

발도 동력도 없는 소문
입에서 입으로
신문사 윤전기를 타고
전파 매체인 TV, 라디오로
인터넷으로,
엄지 족에 의한 핸드폰으로
섬광처럼 퍼져나간다

연예계의 염문
정경유착 비리는 날개를 달고
온 천지를 헤집고 다닌다

소문의 힘은
소송도 불러오고
특검도 유발하여
개인도 매장시키고

가정도 파괴하며
기업도 망하게 하는 가공할 위력을 갖고 있다

악화가 양화를 구축하듯
좋은 소문은 포말처럼 사라지고
나쁜 소문은 생명력을 더해 지속성을 갖는다

좋은 소식이든 나쁜 소식이든
소문은
전광석화의 속력을 갖고 있다

나는 시를 쓴다

녹슨 머리 달래고
마음속에 어렴풋이 자리 잡고 있는
시심을 끄집어내기 위해
머릿속에서 부지런히 시어들을 검색해간다

시를 쓴다
기도하는 마음으로
나를 다시 발견한다는 마음으로
반성하고 참회하는 마음으로
시험지를 받은 수험생의 심정으로
가장 행복하고 선한 마음으로

나는 시를 쓴다
마음속 사랑의 싹을 가꾸어 나가는 마음으로
희망차고 의욕 넘치던 젊은 시절로
되돌아가고 싶은 심정으로
건강하게 곱게 늙어가고 싶다는 마음으로
가족의 건강과 안녕을 기원하는 마음으로

살아 있음에 감사하는 마음으로
나를 둘러싼 주변 환경을 보살피는 심정으로

나를 잘 모르는 이들과도 친구가 되고
때로는 애인처럼 사랑받고 싶은 심정으로
나의 꿈과 희망을 담아
정성을 다해
설익고 어설픈 시를 쓴다

신발

신발이 아가리를 벌리고 있는 것은
외출할 때 제일 먼저 찾는
주인의 심정을 살펴
푹 감싸주고 싶어서일까

신발이 아가리를 벌리고 있는 것은
마른 길 진창길 가리지 않고
하루 종일 혹사시키고도
집에만 돌아오면 모르는 체
현관에만 벗어놓고
혼자 방으로 들어가는
주인의 야속함을
호소하기 위해서일까

신발이 주둥이를 닫지
못하고 있는 것은
변소 갈 때 마음 다르고
나올 때 마음 다른

주인을

책망하기 위해서인지도 모르겠다

시골 부부

한적한 시골 마을
땅거미 질 무렵
밭일에서 갓 돌아와
저녁밥을 지으면
고향 떠난 아들 딸 생각이
연기처럼 피어오른다

오늘도 별 탈 없이
가정을 꾸려가고 있는지
내 한 몸 고단함은 잊어버리고
오직 아들 딸 행복만을 바라고 바라는
이 마음을 아는지 모르는지
마당에서는
개가 어슬렁거리며 짖어댄다

밤하늘을 소리 없이 가르는
저녁 연기에
갈피갈피 그리움을 담아 보낸다

부모 걱정일랑 말고
너희들이나 열심히
건강하게 복된 하루하루를 살아가라고

세월이 뛴다

세월이 뛰고 있다
점점 빨리 뛰고 있다
변속기를 달았는가
형편 따라 기분 따라
느렸다 빨라졌다 하는 세월

어릴 적에는 세월이
굼벵이 천장(遷葬)하듯 느리더니
나이가 드니 쏜살같다

기대와 바라는 것이 있을 때는
세월의 흐름도 지지부진하더니
성취되고 나니 고속행진을 하고 있다

괴롭거나 아프거나 슬플 때는
세월이 소걸음 치더니
즐겁고 건강하고 기쁠 때는
세월이 날개 단 듯 빠르다

강물이 태산 위로 흐른다

자세를 낮추어
낮은 곳을
지향하는 강물도
때로는
높다고 뽐내는
태산 위로 흐른다

태산이 높다한들 한 길 물속

장맛비 내리는 날은
빗물이
제일 높은 태산 꼭대기 위에서 논다

몸을 낮춘 강물이
태산보다
더 높고 고귀하다

숨겨진 보물찾기

사람들은 나서 철들면서
보물찾기에 나선다
삶이란 텃밭에 숨겨진 보물
누구도 보지 못하고
만져보지도 못한 꼭꼭 숨겨진 보물

보물이 숨겨져 있는
삶의 텃밭에는
폭풍우도 일고 쓰나미도 덮치고
허리케인도 몰아친다
때로는 온화한 미풍이 손짓하기도 한다

나의 보물은 삶의 열정이다
어느 누가 갖다 줄 수도 없고
불러일으킬 수도 없는 나만의 보물이다
내 속에 꼭꼭 숨어 있는 열정을 쉬지 않고
길러내고 자아내는 것이 보물찾기다

열정은 식기 쉽고
열정이 강하면 신열을 앓기 쉽다
내 자신을 이기는 극기심으로
환한 웃음으로 재미의 이음으로
열정을 조절하고 계속해간다

열정은 삶의 힘이고 원동력이다
열정은 구르는 자전거 바퀴이다
계속 밟아야 한다

미끄럼틀 타고 놀았다

손자 손녀와
놀이터에서 같이 놀았다

얼굴 생김새는 제각각이지만
미끄럼틀을 타면서
왁자지껄 수다는 서로 닮았다
오르고 내리는 일이
최선이라는 듯
아이들은 미끄럼틀에서
마냥 즐겁다

이 세상 살아가면서
오르려다 미끄러지고
미끄러져도 다시 기어올라야 하는 미래는
안중에도 없다는 듯
아이들은 그저
지금을 즐길 뿐이다

손자 손녀와 같이 놀면서
나도 모처럼
휴일을 즐겼다

안면도 자연휴양림

안면도 자연휴양림에 가면
소나무 미인 경연대회가 한창이다

짧은 스커트를 걸친 매끈한 몸매와
쭉쭉 뻗은 미끈한 다리
아름다운 맵시를 한껏 뽐내며 서 있는 소나무들이
보는 이의 마음속에
황홀경을 불러일으킨다

어떤 것은 비스듬히
춤추는 듯 매혹적인 자태로
발길을 붙들어 맨다

어느새 내 마음은
갯바람 뭍바람 되어
미인들을 살랑 살랑 훔쳐보면서
편하게 잠들고 싶어진다

그렇게 안면(安眠)해보고 싶은
안면도(安眠島)의 가을날
아름다운 미인들을
내 마음속에 고스란히 담아왔다

노출(露出)

검은 구름이 걷히더니
밝은 해님이 얼굴을 내민다

노출은
만물의 생성 변화 현상
모든 식물은 생기와 색깔을 더하면서
꽃과 잎으로 정체성을 드러낸다
노랗게 다발로 피어나는 개나리꽃
산불 지르듯 피어나는 진달래꽃
예배당의 꽃등같이 피어나는 목련화

노출이 즐겁기도 하다
노출이 두렵기도 하다
수영장에서, TV스크린에서, 인터넷상에서

한국의 최초 여성 우주인은
우주정거장에서 우주의 신비성을 벗겨내고
카메라는 셔터를 열어

수영복 차림의 팔등신 여인상을 담아낸다

디지털기술, IT기술의 발전은
고속도로 위에서, 아파트에서, 고층빌딩 사무실에서
개인의 사생활까지 노출시켜
디지털그늘을 만들고 있다

연예계, 정재계의 활동상이
정보기술의 발전으로
확대 재생산되고 과장되어 노출되고 공개된다
개인의 사생활이 민낯을 드러낸다

신비성과 호기심이 무너지는 노출의 시대다

봄비

봄비는 어머니의 손
갓 돋아나려는 새싹 하나라도 다칠세라
보슬보슬 조심조심
자애롭게 내리네

봄비는 영양사
아이에게 젖 물린
엄마의 젖가슴처럼 사랑을 가득 담아
감미롭게 내리네

봄비는 살포기
온 사방에 색색의 꽃들을 몰고 와
대지 위에
흐드러지게 뿌리고 있네

봄비는 전령사
우리들 마음속에
사랑과 희망을 전해주네

제3부

평범한 죄

하루하루
멍하니 생각 없이
허투루 살아왔다

하루하루
깨달음 없이
너무 평범하게 살아왔다

평범하게 살아온 죄
평범하게 사랑한 죄
평범하게 후회한 죄

하여
평범한 깨달음은 버리기로 하자
비로소 내가 보였다

나를 찾았다

가요교실

이런 곳을 아시나요
노래 선생의 노래와 춤에
나이 든 젊은 학생들의 어깨가 절로
들썩들썩해지고

오랫동안 닫혀 있던 감성을
마음껏 풀어 헤치면서
노래하고 손뼉치고 흥에 겨워서
시간 가는 것도 모르는 곳

구수한 노래 가사에 푹 빠져
성도 이름도 모르는 옆 사람과
다정한 눈빛 교환만으로도
마냥 즐겁기만 한 곳

솟구치는 분수처럼
노래와 열정과 엔도르핀을 쏟아내는
즐거운 가요교실

억새풀처럼

마주보고
안아주고 싶은
그윽한 연인의 몸짓처럼

억새풀들이
살랑살랑
서로를 쓰다듬으며
속삭이듯 안는다

억새꽃과 억새꽃 사이
그 눈부신
은빛 물결 속으로 들어가

나도 억새풀처럼
속이 가득 찬 사람으로 살아가고 싶다

연줄

사람들이 연날리기를 하고 있다
홑 연을 날리는 사람과
복수 연을 날리는 사람 모두 염원은 하나다
높게 더 높게 하늘을 가르는
연(鳶)
연줄이 팽팽하다

그때
상승력(上昇力)을 키워 날던 연 하나가
곤두박질치며 땅에 처박혀
연줄 끊어진 연이 되고 말았다

홑 연이든
복수 연이든
한번 끈 떨어지면 끝이다
다신 상승할 수 없다

추락은 순간이다

연줄은 누구나 손으로 잡을 수 있지만
추락하는 시기는 아무도 모른다

몇 만겁의 인연

〈중우회〉 모임에 간다
삼십여 년, 낯익고 다정한 얼굴들이
밥을 먹으며 술잔을 비우면서
각자 삶의 보따리를 풀어 헤치고 있다
서로서로 안부를 묻고 소곤소곤 정담을 나누며
환하게 미소 짓고 있다

"내 일생 조국과 민족을 위하여"라는 표석 아래
중앙공무원 교육원에 모였던
패기 넘치던 정부부처 중견 간부들이
〈중우회〉라는 이름으로 계속 만남을 이어오고 있다
이 모임이 좋다고
천금 같은 시간을 아낌없이 쪼개 쓰고 있다

승진도 거듭하고 중책을 맡아 국가 발전을 위해
열정을 아낌없이 쏟아왔던 이들도
이순(耳順)이 넘어
머리에 서리가 일고 얼굴에도 주름이 잡혔다

추억 속의 그리운 얼굴들도 있다

중우의 일원으로
가정이나 사회에서 중심을 잡고
모든 것에 감사하며 열심히
살아가고 있다

옷깃만 스쳐도 몇 만겁의 인연
강산이 세 번이나 바꾸어지도록 이어온
소중한 이 인연이
오래오래 지속되는 만남이 되기를

---

*〈중우회〉 회원 : 강창호, 강태선, 구남철, 김상선, 김종성, 노재곤, 마삼열, 박혜동, 오상영, 이용숙, 정영해, 정일효, 최정희.

각오

기도하는 심정으로
간절히, 경건히, 겸손하게
나를 돌보며
살아야지

개미같이
일벌같이
온힘을 다하여
살아야지

봄에 새싹 돋아나듯
마음을 나날이 새롭게 하고
스스로를 채찍질하며
살아야지

명상하듯
스스로를 성찰하며
바르고 정의롭게

살아야지

현실에 굳건히 발을 딛고
삶의 페달을
힘차게 밟으며
살아야지

댄스교실

파트너와 손잡고 웃으며 눈 맞추고 인사를 나눈다

음악이 흐르기 시작하면
온몸이 날갯짓을 한다
리듬 따라 스텝과 율동으로
한 몸이 되어 움직이는 소통의 순간
상대방에 대한 배려가
우아하고 아름답게 묻어난다

눈은 반짝반짝 빛나고
시간이 지날수록 즐거움이 더해진다
감정의 교류가 전류처럼 흐른다

사교장은
기쁨이 용솟음치는 활력소가 된다

즐거웠던 시간을 마음에 주워 담으면서
짧은 시간의 아쉬움을 낳는다

오늘 하루도

나에게 남은
귀중한 이 시간
혼신을 다하여
열심히 살아야지

힘들더라도
참고 견디며
웃으며
즐겁게 살아야지

두 번 다시 없는
이 시간
모든 것을 사랑하며
살아야지

이 날이 마지막 날같이
악착하게 살아야지

자작시 유감(遺憾)

우주에 있는
삼라만상(森羅萬象)의
본질에 다가가
말로서
결과 맥을 찾아
형상화하는
절간의 말인 시(詩)

법어(法語)처럼 값진
생각과 감흥을
스님 머리카락처럼 짧게
리듬감을 살려
환유와 은유로 바꾼
멋스러운 시(詩)

시(詩) 시(詩) 시(詩)
하면서 시시로 써놓은
자작시를 보면

어떤 것은 마음에 들고
어떤 시는 아쉬운 마음이
앙금처럼 남는다

옹이

큰 나무일수록
옹이도 깊고 큰 법

옹이는
나무의 값진 훈장이다

내가 듣기 좋아하는 말은

내가
자주 듣고
자주하는 말은

좋은 하루가 되도록 긍정적으로 살자
힘내서 열심히 살자
웃으며 즐겁게 살자
건강히 활기차게 살자

감사합니다
사랑합니다
행복합니다

앞으로도
계속 말하고 들으면서
활기차게
살아가고 싶다

장미원

장미원에 들어서면
신방(新房)에 든 것 같다

기대가 해일처럼 일면서
포근하고, 가슴 설레고, 사랑에 대한
깊고 감미로운 통증이 인다

신부처럼 화사하게 웃음 지으며 기품 있는 장미꽃
미모에 가려지고 사랑에 푹 빠진 신랑 처지인 푸른 장미 잎
짜릿한 사랑의 고통과 경계심을 함께 지닌 장미가시

손닿으면 툭 터질 듯이 부풀어 오르고
이제 막 피어나려는 장미꽃 봉오리는
초야를 치르려 하는
수줍음에 가득 찬 신부의 자태

불타는 듯 이글거리며
활짝 핀 붉은 장미꽃은

사랑에 흠뻑 빠져
황홀한 초야를 치른
맵시 뽐내는 새색시 모습이다

만져보고 맡아보고 깨물어보고
꺾고 싶다

주문(呪文)

잠자리에 들 때나 일어날 때
늘 외우는 주문(呪文)
자가발전(自家發電)

힘을 내야지
살아 숨 쉬는 동안
기쁨과 즐거움이 샘물처럼 솟고
삶의 활력이 철철 넘쳐나도록

열정을 자아내야지
엔도르핀과 에너지가 넘치는
행복한 노화를 위하여
외롭고, 슬프고, 나약한 감정이
빌붙지 못하도록

열심히 살아야지
건강하고 복된 삶을 위하여
육체적 정신적 병원(病原)이 되는

탐욕도, 잡념도, 사악함도
떨쳐버리면서

진정으로 사랑해야지
혼신을 다한 정과 열정으로
하루하루의 주어진 삶을
아낌없이 사랑해야지

간절히 기도해야지
가족의 건강과 안녕을 위하여
첫사랑이 이루어지기를 바라는
소녀 소년 같은 심정으로
기도하고 기구해야지

자가발전(自家發電)의 주문(呪文)을 외우고
최면을 걸어야지

지금 이 시대는

지금은
익숙한 것으로부터 멀어지는 시대인가보다

일자리를 늘려야 다 같이 살아갈 수 있을 텐데
일자리는 현금 자동인출기에 내어주고
전철 승차권 발매기에 양보하고
교통카드 충전기가 앗아가고
디지털기기에 빼앗기고 말았다
전철 운전석도 무인자동시스템에 넘길지도 모른다

기계 명령에 따르지 않으면
전철을 타고 갈 수도 없고
돈도 인출할 수 없다
사진관도 문 닫았다

첨단기기가 발달할수록
사람이 기계를 부리는 것이 아니라
기계가 사람을 부리는 사회가 될 터인데

동전만 한 전자 칩이
요술방망이보다 더 귀한 시대가 될 터인데

디지털시대 우주공간에서
인간의 과욕과 첨단기기가 활개치고
기계가 명령하고 사람이 순종해야 하는
한 치 앞을 알 수 없는
격변의 시대가 도래했나보다

민들레를 보면서

보도블록 위에
노란 민들레꽃 한 촉이
돋아 있다

바람의 부리가 몰고 왔을까
새들이 물고 와 떨어뜨렸을까

물 좋고 햇볕 잘 드는
들판도 아닌
척박한 보도블록 사이에서
발, 발에 짓밟히면서도
끝내 꽃을 피웠다

너를 볼 때마다
푸르렀던 지난날을 생각하며
신발 끈을 다시 맨다

잡념떨이가 필요하다

이런 저런 생각으로
저런 이런 걱정으로
밤잠을 설칠 때가 있다

온갖 잡념이
곡예 하듯 마음을 주름 잡으면서
물 먹은 솜이불처럼
마음이 무거워질 때가 있다

계량기로는
측량할 수 없는
실체 없는 별별 잡념의 무게 때문에
몸도 천근만근이 될 때가 있다

밤잠을 설치게 하고
저울추처럼 마음을 짓누르는 잡념을
뚝뚝 떨어버릴 수 있는
잡념떨이 하나 있었으면……

주름살

은빛 머리 아래
애환 담긴 주름살
실개천이 되어
흐르고 있네

희로애락 담긴 주름살은
삶의 궤적을 송두리째 드러내면서
한 세상 살아간다는 것이
결코 녹록치 않음을
넌지시 암시하고 있네

제4부

시의 힘

사람에게는
수많은 병(病)이 있지만
다 낫는 것은 아니다

마음의 병이 특히 그렇다

시(詩)는
어떤 명의(名醫)도
고칠 수 없는
마음의 병에 특효약이다

그런
특효약 같은
시를 쓰고 싶다

탁구대 위에 공이 머물 때

탁, 하며 라켓의 접점을 떠난 공이
포물선을 그으며
상대방의 마음을 두드려댄다

서로의 마음이 탁구공에 묻어
네트 위를 넘나든다
순간의 선택과 실행이 빚어내는 절묘한 상황이
기쁨을 안겨주기도 하고
실망과 아쉬움을 남기기도 한다

끝없는 승부욕이
게임을 이끌고 게임을 지속시킨다
오고가는 공 속에
서로의 눈동자가 포개져
신뢰와 사랑을 낳고 소통이 시작된다

공이 바닥에 닿아야 튀어 오르듯
신뢰와

사랑이
탁구대 위에 계속 머물 때

우리의 눈빛도
하나가 된다

추 달린 시계

나는 우리 집 거실에 있는
반라(半裸)의 비너스 조각상에
매달려 있는 추 달린 시계를 좋아한다

날씨가 추우나 더우나
혼자서 하루 종일
중심을 잡고
일정한 속도로 변함없이
내 할 일만 하겠다고
한가롭게 그네만 타고 있는 추 달린 시계

항상 자기 페이스를 유지하고
왔다 갔다 하지만 항상
중심 내에서 움직이는
추 달린 시계

흔들리는 추를
가만히 보고 있으면

그 왔다 갔다 하는 추가
세월을 몰아가면서도
늘 항심(恒心)을 갖고
살아가야 한다고 타이르는 것 같다

그래서 나는
중심 잡고 그네를 타는
추 달린 시계가 좋다

즐거움을 느껴보세요

일상의 삶 속에서
괴롭고 짜증나는 날도 많겠지만
마음을 활짝 열고
즐거움을 느끼는 법을 찾아보세요

아침에 일어나
세수를 하고 거울을 볼 때
재롱부리는 손자와 손녀, 외손녀와 외손자들
그리고
아들과 며느리, 딸들과 사위들의 얼굴을 떠올려보세요

향기 짙은 커피를 마실 때에는
두툼하고 매끄러운 커피 잔으로
사랑하는 이와
달콤하였던 입맞춤의 순간을 만끽해보세요

은행 현금인출기에서 돈을 찾을 때
행여 누가 엿볼까

비밀번호를 꼭꼭 누르던 그 감격을 잊지 마세요

이메일을 보낼 때
"메일이 정상적으로 전송되었습니다"라는 문구를 보고
받는 이의 기쁨을 느껴보세요

밤에 잠자리에 들 때는
나 자신을 위해
하루 종일 수고한 몸의 각 부위를 매만지면서
감사함의 즐거움을 느껴보세요

복잡하면서도
때로는 단조로운 생활 속에서도
즐거움을 발견할 수 있다면
기쁨과 즐거움이 햇볕처럼 쏟아집니다

시선을 달리는 전철

전철을 타면
시선이 서핑(surfing)하듯 작용을 한다

엄지손을 놀려
스마트폰에 빠져 있는 젊은이
환하게 웃는 아이에게
아낌없는 사랑을 쏟는 엄마

그 사이엔 언제나 시선이 있다

남녀노소가 함께하는
전철 안에서의 교차하는 시선들
서로 풀어놓기도 하고
주워 담기도 하면서

전철은 레일을 타고
목적지를 향해 간다
시선을 품고 힘차게 굴러간다

짝사랑

내
너를 보고
사랑한다고 한들

혹시 바라보고 또 바라보는 것을
눈치챈 것은 아닐까

좋아하고 또 좋아하는데
사랑하고 또 사랑하는데
그리워도 또 그리워하는데

자국 남을까
짝사랑

너 몰래 나 혼자 하는 사랑
순수하고 숭고한 사랑

마음에 새긴 표지판

여러 종류의 길이 있다
차도도 있고 자전거 길도 있고
전찻길도 있고 기찻길도 있고
농로도 있고 뱃길도 있다

직선 길도 있고
꼬부랑길도 있고
오르막길도 있고 내리막길도 있고
험한 길도 있고 순탄한 길도 있다
오리무중,
우리들 인생길도 있다

그중 가장 험한 인생길엔
장애물도 있고 지뢰도 깔려 있다
대개의 길들은 안내 표지판이 있지만
인생길에는 안내 표지판이 없다
하여 영광의 길이 되기도 하고
가시밭길이 되기도 한다

등대도 없고 표지판도 없는 길을 가다 보면
좌초도 하고 방황하기도 한다
풍랑이 없을 때는 순항하기도 하고
즐거운 콧노래를 부르기도 한다

수십억 인구가 살다 갔고
또 살고 있으나
마음에 새긴 표지판은 늘
행복을 향하고 있다

하늘만큼 땅만큼

—아가야, 너는 누구를 사랑해?
—엄마 아빠!
—얼마만큼 사랑하니?
—하늘만큼 땅만큼!

아가에게
엄마 아빠는 이 세상 모든 것
아무에게도 빼앗길 수 없는 중요한 존재
하늘과 땅 같은 위대한 존재

아가는
엄마의 젖가슴에서 멀어질수록
아버지의 그늘에서 벗어날수록
성장하고 철들어가지만

결혼하고 처자식을 갖게 되면
아가였을 때 가졌던 하늘과 땅 같은 사랑은
자기 처자식에게로 옮겨가버리지

이것이 삶의 순환인 것을
너나 할 것 없이
우리 모두 그렇게 살아온 순리인 것을

나도 다시 아가로 돌아가
엄마 아빠를 하늘만큼 땅만큼 사랑할 수만 있다면…….

한결같은 사랑

많고 많은
궤도 중에서
태양을 감싸고도는 지구만 한
궤도가
또 있을까

서에서 동으로
365일 내내 돌고 도는……

우리들의 사랑도
저 태양을 감싸고도는 지구처럼
늘 한결같기를

첫눈 내리던 날

아기의 마음씨 같은 순백의 눈이
밤새 소리 없이 내려
땅을 화선지 삼아
기기묘묘한 모습의
일회성 걸작을 빚어내고 있네

차가운 하늘 아래
벌거벗었던 나무들도
매서운 추위를 삼켜버린 듯
눈꽃송이로 치장한 두터운 솜옷을 걸치고
넉넉하고 포근함을 한껏 뽐내고 있네

눈 모자를 푹 눌러쓴 김장독은
시원한 동치미를 꺼내
정성껏 밥상을 차려주시던
어머니에 대한 한없는 그리움을
눈송이처럼 새록새록 키우고 있네

거저 되는 것은 하나도 없다

우리는 식사를 즐기면서도
식사까지의 숨은 노고를 잘 모르고 있다

쌀 한 톨 생산하는데
여든여덟 번의 일손이 가해져야 하고
부엌칼 한 자루 만드는데도
천 번의 담금질이 필요하다는데

우리는 오직
금메달에만 환호하고 박수치는
경향이 있다

궁수가 활을 한번 제대로 쏘려면
천 개쯤 되는 화살이 과녁을 꿰뚫어야 하고
발레리나나 피겨스케이터가 되려면
발에 군살과 피멍이 수없이 맺혀야 한다

아무리 하찮은 일이라도

힘들이지 않고 거저 되는 것은

이 세상 하나도 없다

문상

무거운 침묵이 바닥까지 깊게 깔리고
극락영생을 기원하는 향연이
나선형을 그리며 피어오르는 가운데
국화꽃송이에 둘러싸인 영정이
이 세상에서 가장 선하고 편안한 표정을 짓고 있다

애도를 표하는 문상객과
줄지어 서 있는 조화 한 송이 한 송이가
쓰라리고 괴로웠던 날을 말해주고 있는 것 같다
굽이굽이 한 맺힌 날들을
하나하나 일러주고 있는 것 같다

어느 누구나 피할 수 없는
한번 왔다가 꼭 가야 하는 길 마지막 길
혼자 왔다 혼자 가는 가장 외로운 길

누에가 뽕잎 갉아먹듯
죽음이 산 자의 남은 시간을

시시각각으로 갉아먹고 있는 것도
깡그리 잊은 채

슬픔에 젖은 조문객은
가장 경건하고 애달픈 심정으로
온 마음을 다해 슬퍼하고
애도하고 또 애도한다
명복을 빌고 또 빌고 있다

혼자 집에 있을 때

아이들 다 성장하여
시집가고 장가들어 살길 찾아 떠나고
두 내외 정 붙이고
오순도순 살고 있는데

처도 외출하고
어쩌다 혼자 집에 있는 날이면
마음은
아들네 집으로 갔다가
딸네들 집으로 갔다가
자꾸
장승이 되어간다

어제 같은 오늘이
계속 이어질까
마음속에
서글픔과 회한만을
남기고 있다

호수공원

햇발 쏟아지는 날
일렁이는 물결 속에
다소곳이 머리 풀어 늘어뜨린 수양버들 사이로
나란히 발을 옮기는
산책객들의 얼굴이 살갑기 그지없다

합창하듯 피어난
형형색색의 꽃과 나뭇잎 사이로
향긋한 바람이 일면
다정하게 걸으면서 주고받는
연인들의 속삭임이 들리는 듯하다

물과 숲, 꽃과 곤충
상큼한 공기가 함께하는 호수공원
늘 다가가고 싶은 우리들의
열린 공간

시위하는 겨울나무

나무들이
대중목욕탕 속으로 들어가려는
사람들처럼 벌거숭이로
당당히 서 있다

매끈한 몸매도
상처 받은 곳도 수술 받은 부위도
여위고 윤기 없는 깡마른 몸체도 드러낸다

하지만
서로 마주보고 있는 암수 은행나무같이
맨몸을 드러낸 나무들은
보여줄 남근도
은밀히 감추고 싶은
이쁜이도 없어서인지

감출 곳 없이 다 내어놓고
버릴 것 다 버렸으니

한 점 부끄러움 없다는 듯
묵은 때를 벗기러 온
목욕하는 사람들같이 꺼리는 것이 없다

강풍에도
살을 에는 추위에도
가지를 쭉 뻗어 활기차게
맨손체조를 하고 있는 겨울나무들은
움츠러들기 쉬운 우리들에게
힘을 내라고
맨몸 시위를 하고 있다

새해 아침 해맞이

산사의 스님과 불자들에겐
자비와 성불이

성당과 교회의 성직자와 신도들에겐
복음과 사랑이

내 형제 내 가족의 가슴에는
희망과 행복이

솟아오르는 새해 아침 태양빛처럼

모두에게 충만하기를
염원하고 기도하네

시인의 에스프리

나의 호(號) 이야기

호의 자전적 의미는 "본명이나 자(字) 이외에 쓰는 아명(雅名)"이다. 호는 본래부터 풍류와 문아(文雅)적인 요소를 내포하고 있다고 하겠다. 따라서 문학이나 예술 분야에 종사하는 분들이 타 분야에 종사하는 분들보다 호를 많이 애용하기도 한다.

나의 호는 '정강(靜江)'이다. 뜻풀이를 하면 '고요한 강'이라는 뜻이다. 내가 정강이라는 호를 사용하기 시작한 것은 1987년 이른 봄부터이다.

덕수궁에 소재하고 있던 국립현대미술관이 1986년도에 신청사를 새로 지어 과천으로 이전하자 문화공보부 문화예술국 진흥과에 근무하던 나는 서기관으로 승진하여 미술관의 핵심 부서인 전시과의 장(長)으로 근무하게 되었는데 그때 동료가 '정강'이라는 호를 선사해주었다.

저명한 예술가는 아니지만 꽤 오래도록 예술행정 분야에 종사한 덕으로 '정강'이란 멋진 호를 갖는 행운을 안게 된 것이다.

내가 나의 호 '정강'을 좋아하는 몇 가지 이유가 있다.

우선 얕은 계곡으로부터 졸졸 소리를 내며 흘러들어오는 모든 물줄기를 아무런 소리 없이 조용히 다 받아들이면서 깊이를 더해가는 '고요한 강'이 갖는 그 '포용성'을 좋아한다.

얕은 계곡의 물은 밑바닥을 보이면서 소리를 내지만 고요한 강은 표면상으로는 고요하면서도 강 밑바닥에서는 세찬 물줄기가 끊임없이 흐르고 있다. 나는 이 '정강'이 갖는 정중동(靜中動)을 좋아한다. 정(靜) 가운데 동(動)을 감추고 있는 것이 참된 정(靜)이라고 하지 않던가.

스스로 낮은 곳을 취하여 여러 골짜기의 물을 한곳으로 귀속시킬 수 있는 정강의 모성애적인 자기 겸양과 겸손을 사랑하고 좋아한다. 수증기로 증발되어 비를 만드는 자기 희생과 만물을 성장시키는 정강의 모태적인 현빈(玄牝)성을 좋아한다.

사람의 모든 감정인 희(喜), 노(怒), 애(哀), 락(樂), 애(愛), 오(惡), 욕(慾)을 느끼고 촉발시키고 해소시킬 수도 있는 정강의 표정을 좋아한다.

나는 '정강'이 갖고 있는 이와 같은 함의적인 특성을 좋아하기 때문에 기회가 있을 때마다 정강이란 호를 즐겨 사용하고 있다. 그러다보니 정강이란 호를 사용한 지도 벌써 30여 년이 되어가고 있다. 공직 생활과 한국방송개발원(현 방송영상산업진흥원) 근무 생활을 그만둔 이후로 나 자신을 위해 살아가는 시간이 많아져 서예를 더욱 즐기게 되면서 호를 사용하는 기회가 빈번해졌다.

어느 날 독서를 하다가 서울대학교 이병한 교수가 엮은 『치자꽃 향기 코끝을 스치더니』와 『이태백이 없으니 누구에게 술을 판다』라는 책에서 중국 한시 명편을 접하게 되었다. 평소 서예의 좋은 소재를 찾고 있던 나는 내가 찾고 있던 것이 바로 이 책 속에 있구나 하고 속으로 쾌재를 부른 적이 있다.

내가 내 손으로 당시(唐詩) 한 수를 멋지게 써서 집에 걸고 밤낮으로 감상하면 마음의 안정도 찾고 심신 수양에도 좋을 것 같아서 기회 있을 때마다 붓글씨를 쓰면서 더 욕심을 부리기 시작했다.

당시 벽수(皕首)를 쓰는 것을 목표로 2003년부터 착수하여 1년여가 걸려 200수(벽수)를 다 썼다. 당시를 쓰면서 이병한 교수 이외에 오성수 씨가 지은 『한시를 알면 중국이

보인다』라는 두 권으로 된 책과 김원중 씨 역해의 『당시(唐詩)』라는 책을 참고한 바도 있다.

써놓은 작품 분량이 사과박스로 3개가 넘었는데 비좁은 집에 3박스가 버젓이 자리를 차지하고 있으니 집사람은 어쩐지 못마땅한 눈치다. 욕심 같아서는 써놓은 것으로 '초서로 감상하는 당시 벽수'라는 표제의 책을 발간해 후세에까지 남기고 싶지만 사정이 여의치 않아 안타까울 뿐이다.

나는 앞으로도 나의 호가 함축하고 있는 멋진 삶을 살기 위해 서예를 즐기면서 마음을 다스리는 일을 한시도 게을리하지 않을 것이다.

났으니 존재할 따름이다

내가 부산에 있는 경남고등학교 1학년 때의 일이다. 영어 선생님으로 김복연(金福連) 처녀 선생님이 계셨다. 선생님께서는 나이가 약간 든 편이었다.

이름은 잘 기억나지 않지만 우리 학생 중 누군가가 "선생님은 왜 살고 계십니까?" 하는 질문을 했다. 나이가 꽉 차도록 시집도 안 가고 처녀의 몸으로 학생들에게 영어만 가르치고 계시는 선생님의 처지에 대한 안타까움과 호기심에 찬 질문이었을 것이라고 나 나름대로 생각해본다.

그때 선생님께서는 의외로 "났으니 존재할 따름이다"라는 간단명료한 답변을 주셨다.

나는 한창 삶의 희망에 부풀어 있을 때였는데, 의욕에 찬 학생들 앞에서 어떻게 선생님이 아무런 비전도, 희망도, 삶의 의욕과 목적도 없는 것 같은 그런 무기력한 답변을 주시는가 하고 약간 실망한 적이 있다.

세월이 흐르고 흘러 그때 그 자리에 있던 동기생들은 칠순의 고비에 들어섰다. 그런 나이 탓인지 선생님의 그때의 답이 새삼 실감 있게 되살아나면서 나 스스로에게 자문하고 있다.

"너는 왜 사느냐고."

살아오면서 삶에 대해서 많은 생각을 하여왔고 삶의 의의를 찾기 위해 많은 노력을 해보았지만 양파껍질을 벗기는 것처럼 살아갈수록 참뜻을 찾기가 더 어려운 것 같다.

나이가 드니 사랑, 행복, 우정을 비롯하여 사람답게 사는 것이 어떤 것인가 하는 것들이 새로운 의미와 무게로 마음에 와 닿는다.

사람은 이 세상에 태어나 각자 자기 인생을 한시적으로 살다가 흙으로 돌아가게 되어 있다. 아무도 인생을 대신 살아줄 수 없는 것이다. 그러므로 왜 사느냐에 대한 답은 천차만별이고, 만인 만답일 수밖에 없는 것이고, 모범답안이 없다고 하는 것이 오히려 모범답안일는지도 모른다.

"왜 사느냐"는 대부분의 사람들이 자문자답하면서 살아온 질문인지라 나 같은 범생이 이런 비중 있는 질문에 답하기란 쉽지 않은 일이다.

하지만 인생은 일회성으로 반복도 후퇴도 용인되지 않으며 앞만 보고 일방통행으로 나아갈 수밖에 없기 때문에 '삶은 완성이 아니라 과정이며 살아남기 위한 투쟁'이라는 데 비중을 두고 싶다.

사람들은 너나 할 것 없이 일회성 인생을 살다가 가야 하니까 '존재를 초월하기 위해 꾸준히 노력하고 투쟁하는 과정이 값지고 보람 있는 삶'이라고 하겠다.

따라서 살아남기 위하여 현재의 존재 자체를 뛰어넘으려는 노력을 부단히 경주하여야 한다고 본다. 존재 그 자체에 머무르지 않아야만 제대로 존재할 존재를 지속시킬 수 있는 것이 아닐까.

"났으니 존재할 따름이다"라는 고등학교 때의 선생님 말씀을 다시 한 번 회상하면서 금년 여름 동안의 삶을 가만히 더듬어본다.

금년 여름은 기상 변화가 유별나게 심하였다. 국지적 폭우가 전국적으로 확대되면서 많은 사상자를 내고, 도로, 교량, 가옥 파괴 등으로 이재민에게 참담한 피해를 안겨주더니 곧바로 그 뒤를 이어 불볕더위가 기승을 부리기 시작한 변화무쌍한 여름이었다.

천유불측풍우(天有不測風雨), 인유조석화복(人有朝夕禍福)이라고 하였던가. 즉 하늘에서 예측할 수 없는 비바람이 있는 것처럼 사람에게는 예측할 수 없는 재앙과 복이 있다는 인생무상을 확실히 일깨워주고 우리 삶의 과정에서도 많은 생각을 하게 한 여름이었다.

우리는 한 치 앞을 볼 수 없는 예측불허의 삶을 살면서도 영원히 살 것 같은 착각 속에 살고 있다. 하지만 한정된 기간 동안 단 한 번밖에 살 수 없는 것이 우리들의 운명인 것이다. 따라서 범사에 감사하면서 즐거운 마음으로 부족한 가운데서도 여유로움을 갖고 존재를 뛰어넘는 질 높은 생활을 위해 순간순간 최선을 다하면서 건강하고 보람 있는 값진 삶을 살아가도록 진력하여야 한다고 본다.

이 도서의 국립중앙도서관 출판시도서목록(CIP)은 서지정보유통지원시스템 홈페이지(http://seoji.nl.go.kr)와 국가자료공동목록시스템(http://www.nl.go.kr/kolisnet)에서 이용하실 수 있습니다.(CIP제어번호: CIP2014026237)

문학의전당 시인선 184

화선지

초판 1쇄 인쇄 2014년 9월 13일
초판 1쇄 발행 2014년 9월 20일
지은이 정일효
펴낸이 김석봉
책임편집 이현호
디자인 조동욱
펴낸곳 문학의전당
출판등록 제311-2012-000043호
주소 서울시 은평구 연서로11길 7-5 401호
편집실 서울시 마포구 마포대로 127, 413호(공덕동, 풍림VIP빌딩)
전화 02-852-1977
팩스 02-852-1978
블로그 http://blog.naver.com/mhjd2003
전자우편 sbpoem@naver.com

ISBN 978-89-98096-92-2 03810